Barbara Jaglarz / Georg Bemmerlein

Bußgeldkatalog I

70 originelle Zusatzaufgaben bei Regelverstößen

1.-4. Klasse

Über die Autoren:

Barbara Jaglarz ist Hauptschullehrerin und Georg Bemmerlein Gymnasiallehrer. Beide verfügen über langjährige Unterrichtserfahrung in verschiedenen Fächern. Sie arbeiten als Autoren und haben zahlreiche Bücher veröffentlicht.
Bei diesem Buch war auch ihr Sohn Jan Philipp als Mitautor tätig.

1. Auflage 2008
© by Persen Verlag GmbH, Buxtehude

8. Auflage 2015
© Persen Verlag, Hamburg
AAP Lehrerfachverlage GmbH
Alle Rechte vorbehalten.

Das Werk als Ganzes sowie in seinen Teilen unterliegt dem deutschen Urheberrecht. Der Erwerber des Werkes ist berechtigt, das Werk als Ganzes oder in seinen Teilen für den eigenen Gebrauch und den Einsatz im eigenen Unterricht zu nutzen. Downloads und Kopien dieser Seiten sind nur für den genannten Zweck gestattet, nicht jedoch für einen weiteren kommerziellen Gebrauch, für die Weiterleitung an Dritte oder für die Veröffentlichung im Internet oder in Intranets. Die Vervielfältigung, Bearbeitung, Verbreitung und jede Art der Verwertung außerhalb der Grenzen des Urheberrechtes bedürfen der vorherigen schriftlichen Zustimmung des Verlages.

Sind Internetadressen in diesem Werk angegeben, wurden diese vom Verlag sorgfältig geprüft. Da wir auf die externen Seiten weder inhaltliche noch gestalterische Einflussmöglichkeiten haben, können wir nicht garantieren, dass die Inhalte zu einem späteren Zeitpunkt noch dieselben sind wie zum Zeitpunkt der Drucklegung. Der Persen Verlag übernimmt deshalb keine Gewähr für die Aktualität und den Inhalt dieser Internetseiten oder solcher, die mit ihnen verlinkt sind, und schließt jegliche Haftung aus.

Gedruckt auf umweltbewusst gefertigtem, chlorfrei gebleichtem
und alterungsbeständigem Papier.

Nach den seit 2006 amtlich gültigen Regelungen der deutschen Rechtschreibung.

Illustrationen: Joachim Kühn
Satz: Grafik-Design Joachim Kühn, joek.de

ISBN 978-3-8344-3782-2

www.persen.de

Inhalt

Vorwort .4

Missachten der Hausordnung 5
Unpünktlichkeit 9
Missachten der Anweisungen des Lehrers 12
Täuschen 14

Lautes Verhalten im Unterricht 17
Elektronische Geräte im Unterricht 23
Unerlaubtes Aufstehen und Herumlaufen . . . 25
Essen und Trinken im Unterricht 27
Kaugummikauen im Unterricht 29

Werfen von Gegenständen im Unterricht 32
Papierflieger im Unterricht 34
Spucken mit dem Spuckrohr 36

Arbeitsmaterial vergessen 38
Hausaufgaben vergessen 42
Heft vergessen 48
Sportsachen vergessen 50

Mitschülern Gegenstände wegnehmen 52
Mitschüler ärgern 54
Mitschüler beleidigen 56
Anwendung körperlicher Gewalt 58
Lügen 60

Müll am Sitzplatz 63
Rennen im Schulgebäude 65
Beschädigung von Schuleigentum 70
Werfen von Gegenständen auf dem Pausenhof . 71
Rauchen auf dem Schulgelände 73

Lösungen 75

Musterbrief an die Eltern 79
Folgeseite für Textaufgaben 80
Beispielarbeiten 81

Vorwort

Die Zusatzaufgaben bieten dem Klassenlehrer, Fachlehrer und Schulleiter[1] neue und zusätzliche Möglichkeiten, passend und originell auf Regelverstöße während des Schullebens innerhalb und außerhalb des Unterrichts zu reagieren.

Die Aufgaben sind thematisch unterschiedlich konzipiert. Viele sind allgemein gehalten (z. B. „Missachten der Hausordnung"), andere ermöglichen eine schnelle, sichere Reaktion auf häufige spezielle Verstöße (z. B. „Heft vergessen").
Die Aufgabenstellungen selbst sind methodisch vielfältig und gehen vom Aufsatz über das Plakat bis zum Kreuzworträtsel, wobei Sie selbst entscheiden sollten, wie intensiv Sie die Aufgaben kontrollieren.

Mit den Zusatzaufgaben an der Hand gewinnen Sie die Möglichkeit, sich in angespannten Situationen gelassen zu zeigen. Da Sie sich keine Gedanken mehr über die angemessene Sanktion machen müssen, können Sie gegenüber den Schülern deeskalierend reagieren.

Die freundlich gehaltenen Aufgabenblätter sind dem jeweiligen Regelverstoß inhaltlich angepasst und regen die Schüler an, sich mit dem Regelverstoß oder Teilaspekten desselben gedanklich auseinanderzusetzen.

Für die Wirksamkeit der Zusatzaufgaben ist es durchaus wichtig, dass die Schüler wissen, dass Sie diese Kopiervorlagen besitzen und auch konsequent einsetzen. Dadurch tritt Transparenz ein, die Schüler wissen, was ein Verstoß „kostet", und fühlen sich infolgedessen selbst sicherer.

Die Erfahrung im Einsatz fertig vorbereiteter Zusatzaufgaben zeigt, dass die Schüler die Spielregeln, die mit den Aufgaben verbunden sind, bereitwillig anerkennen und im Bewusstsein klarer und übersichtlicher Sanktionen disziplinierter handeln: „Ich werde es nicht mehr machen, weil ich die Konsequenzen jetzt kenne", schrieb ein Schüler. „Sie greifen durch und Sie haben den Bußgeldkatalog", erklärte ein anderer Schüler.

Die ansprechende Gestaltung der Aufgabenblätter und die konkreten Arbeitsanweisungen wirken zugleich stressabbauend und unterstützen ein positives Lern- und Klassenklima.

Als Information an die Eltern können Sie den Musterbrief auf Seite 79 verwenden. Es empfiehlt sich, diesen Brief jeder Zusatzaufgabe beizuheften.
Ein Tipp zu den Textaufgaben:
Da Grundschulkinder meist eine große Schrift haben, empfehlen wir, bei Aufsatzthemen die „Folgeseite für Textaufgaben" (S. 80) gleich mitzukopieren.

B. Jaglarz und G. Bemmerlein

---

[1] Aus Gründen der besseren Lesbarkeit haben wir durchgehend die männliche Form verwendet. Natürlich sind damit auch immer Frauen und Mädchen gemeint, also Lehrerinnen, Schülerinnen usw.

Zusatzaufgabe: Missachten der Hausordnung

Male Verbotsschilder zu folgenden Regeln der Hausordnung und halte dich an diese Regeln.

Es ist nicht erlaubt, Müll auf den Boden zu werfen.

Lern- und Arbeitsmittel oder Schulmöbel zu beschädigen, ist verboten.

Rennen im Schulgebäude und auf dem Schulgelände ist verboten.

B. Jaglarz / G. Bemmerlein: *Bußgeldkatalog*
© Persen Verlag

Zusatzaufgabe: Missachten der Hausordnung

Male Verbotsschilder zu folgenden Regeln der Hausordnung und halte dich an diese Regeln.

Körperliche Gewalt und Beleidigungen sind verboten.

Harte Gegenstände (Schneebälle, Steine, Kastanien usw.) werfen ist verboten.

Zum Ballspielen verwenden wir nur Softbälle. Andere Bälle sind nicht erlaubt.

Zusatzaufgabe: Missachten der Hausordnung

Welche Satzteile passen zusammen? Beziffere die zusammengehörigen Teile.

1	Jede Schule		müssen sich alle Schüler halten.
2	Sie legt wichtige		wie alle friedlich miteinander umgehen sollen.
3	Einige Regeln bestimmen,		in unserer Gemeinschaft keinen Platz.
4	Andere Regeln informieren		muss mit Konsequenzen rechnen.
5	So haben Gewalt und Beleidigung		dürfen nicht beschädigt werden.
6	Lernmittel, Möbel und Einrichtungen der Schule		hat ihre eigene Hausordnung und eigene Verhaltensregeln.
7	An die Hausordnung		Regeln fest.
8	Wer die Hausordnung missachtet,		über die Ordnung, die in der Schule zu halten ist.

Schreibe nun die ganzen Sätze in Schönschrift:

Zusatzaufgabe: Missachten der Hausordnung

Marvin ist schlank und sportlich. Seine blauen Augen blitzen unter dem schwarzen, ungebändigten Wuschelschopf. Im Sportunterricht trägt er eine dunkelblaue Trainingshose, ein rotes T-Shirt und weiße Sportschuhe mit blauen Streifen. Von seiner silbernen Halskette aber mag sich Marvin nicht trennen, da ist er stur. Schmuck kann im Sport zu Verletzungen führen. Deshalb verbietet die Hausordnung das Tragen von Schmuck beim Sport. Marvins Sportlehrer streitet nicht lange. „Du bleibst auf der Bank. Ich rufe später deine Eltern an", sagt er.

Male Marvin, wie er im Text oben beschrieben ist. Aber die im Sportunterricht verbotene Halskette liegt neben ihm auf der Bank.

Zusatzaufgabe: Unpünktlichkeit

Schreibe die nachfolgende Geschichte zu Ende. Überlege, was Tobias auf dem Schulweg aufgehalten haben könnte.

Tobias Geheimnis

Seit zwei Wochen kam Tobias jeden Morgen zu spät in die Klasse. Immer hatte er eine neue Ausrede: Ein Polizist habe ihn aufgehalten, weil er bei Rot über die Ampel gelaufen sei – doch auf dem Schulweg gab es gar keine Ampel. Er habe einen herrenlosen Hund gefunden – doch keiner fürchtete sich mehr vor Hunden als Tobias. Und so ging es immer weiter mit den unglaubwürdigen Ausreden, bis die Klassenlehrerin, Frau Krause, die Geduld verlor. Sie rief Tobias' Mutter an. Die staunte nur. „Tobias verlässt jeden Morgen zusammen mit mir pünktlich die Wohnung!", rief sie. Am Abend stellte sie Tobias zur Rede. Jetzt musste er sein Geheimnis beichten:

Zusatzaufgabe: Unpünktlichkeit

Male einen tollen Wecker und zeichne die Zeiger so, dass du das Haus früh genug verlässt, um nicht zu spät zum Unterricht zu kommen.

Welche Termine hast du sonst noch in der Woche, bei denen du dich nicht verspäten solltest? Schreibe sie auf:

Tag	Uhrzeit	Termin

Zusatzaufgabe: Unpünktlichkeit

Unpünktlichkeit ist kein Zeichen von Stärke. Wer zu spät kommt, versäumt oft Wichtiges und erleidet manchmal sogar großen Schaden. Er ist außerdem unhöflich, weil er andere Menschen stört oder warten lässt.

Trage die Orte und Anlässe, bei denen man pünktlich sein muss, richtig im Rätsel unten ein und finde den Lösungssatz.

BALLETT, UNTERRICHT, ARZT, BUS, PRÜFUNG, KONFERENZ, STRASSENBAHN, KONZERT, VORSTELLUNG, WETTKAMPF, KINO, ABITUR, FLUGZEUG, HOCHZEIT, EINSATZORT, ZIRKUS, ~~OPER~~, FÄHRE, GEBURTSTAG, THEATER

Lösung:

P _ _ _ _ _ _ _   _ _ _ _   _ _ _   _ _ _ _

Zusatzaufgabe: Missachten der Anweisungen des Lehrers

Schreibe die Geschichte zu Ende.

Wer nicht hören will, hat Pech

Mike ist begeisterter Handballspieler. Jeden zweiten Sonntag spielt er Turnier. Mamas Geburtstagsgeschenk war diesmal herrlich: ein Supertrikot, die passende Hose dazu und tolle Sportschuhe. Das hatte er sich geträumt, nicht gewünscht. Für das Turnier nimmt er ein Brötchen mit. Das belegt er sich selbst. So, wie er es mag, Wurst mit viel Senf und Ketchup. Und eine Flasche mit rotem Traubensaft packt er ein. Den trinkt er für sein Leben gern. „Mike", sagt die Mutter, „räume Brötchen und Saft vorne im Rucksack ein. Das Fach ist dafür gedacht und wasserdicht." Mike hat wenig Zeit. Mama ist kleinlich, meint er. Der Trainer besteht auf Pünktlichkeit, Eile ist geboten, und Mike muss Tore werfen. Das zählt. Die neue Kleidung und Essen landen deshalb zusammen im Rucksack. In der Umkleidekabine gibt es Ärger. Tom will Kreisläufer spielen. Aber das ist Mikes Platz. Wütend stößt Mike Tom vor die Brust. Der fällt krachend auf Mikes Rucksack. „Verdammt!", schreit Mike. Er öffnet den platt gedrückten Rucksack:

Zusatzaufgabe: Missachten der Anweisungen des Lehrers

Schreibe, was passieren kann, wenn man diese Anweisungsschilder missachtet.

Offenes Feuer, offenes Licht und Rauchen verboten
_____
_____
_____
_____

Springen ins Wasser verboten
_____
_____
_____
_____

Füttern verboten
_____
_____
_____
_____

Klettern verboten
_____
_____
_____
_____

Betreten verboten
_____
_____
_____
_____

Zusatzaufgabe: Täuschen

Nummeriere die Sätze und schreibe die Geschichte dann in der richtigen Reihenfolge auf.

Nie wieder!

( ) Paula schämt sich schrecklich und beginnt zu weinen.

( ) Schon nach den ersten Sätzen beginnt die Klasse schallend zu lachen, nur die Lehrerin schaut Paula streng an.

( ) Sie weiß jetzt, dass sie nie wieder abschreiben wird.

( ) Also schreibt sie die Geschichte bei Melina ab.

(1) Melina ist gut in Deutsch, ihre Banknachbarin Paula schreibt oft bei ihr ab.

( ) Paula beginnt stotternd mit „ihrem" Aufsatz.

( ) Als alle fertig sind, darf zuerst Melina vorlesen, dann kommt Paula dran.

( ) Heute plagt sich die Klasse mit einer Reizwortgeschichte und Paula hat keine Lust nachzudenken.

Zusatzaufgabe: Täuschen

Löse das Wortsuchrätsel.
Kreise zehn Wörter ein, die mit dem Täuschen zu tun haben, und schreibe sie auf.

Die Wörter können senkrecht oder waagrecht stehen und sich auch überschneiden.

B	P	U	N	F	A	I	R	X	G	S
E	E	U	L	S	B	X	S	P	Z	A
T	A	N	G	M	S	V	C	B	Y	B
R	U	S	P	I	C	K	E	N	O	G
Ü	N	X	P	O	H	C	B	A	Y	U
G	E	Y	O	U	R	P	Y	C	X	C
E	H	L	Ü	G	E	N	A	H	N	K
N	R	F	R	Q	I	P	P	M	D	E
N	L	A	V	Y	B	G	B	A	E	N
J	I	U	X	J	E	P	S	C	Y	N
V	C	L	D	O	N	Q	D	H	Y	N
C	H	F	Ä	L	S	C	H	E	N	R
L	Y	I	V	C	V	Q	S	N	T	H

1 _____
2 _____
3 _____   7 _____
4 _____   8 _____
5 _____   9 _____
6 _____ 10 _____

B. Jaglarz / G. Bemmerlein: *Bußgeldkatalog*
© Persen Verlag

Zusatzaufgabe: Täuschen

**Fülle die Felder im „Täusche-dich-selbst-Bild"
abwechselnd schwarz und weiß aus
und betrachte das Ergebnis.**

Überlege, ob das Bild anders auf dich wirkt,
als du es beim Ausmalen erwartet hattest.

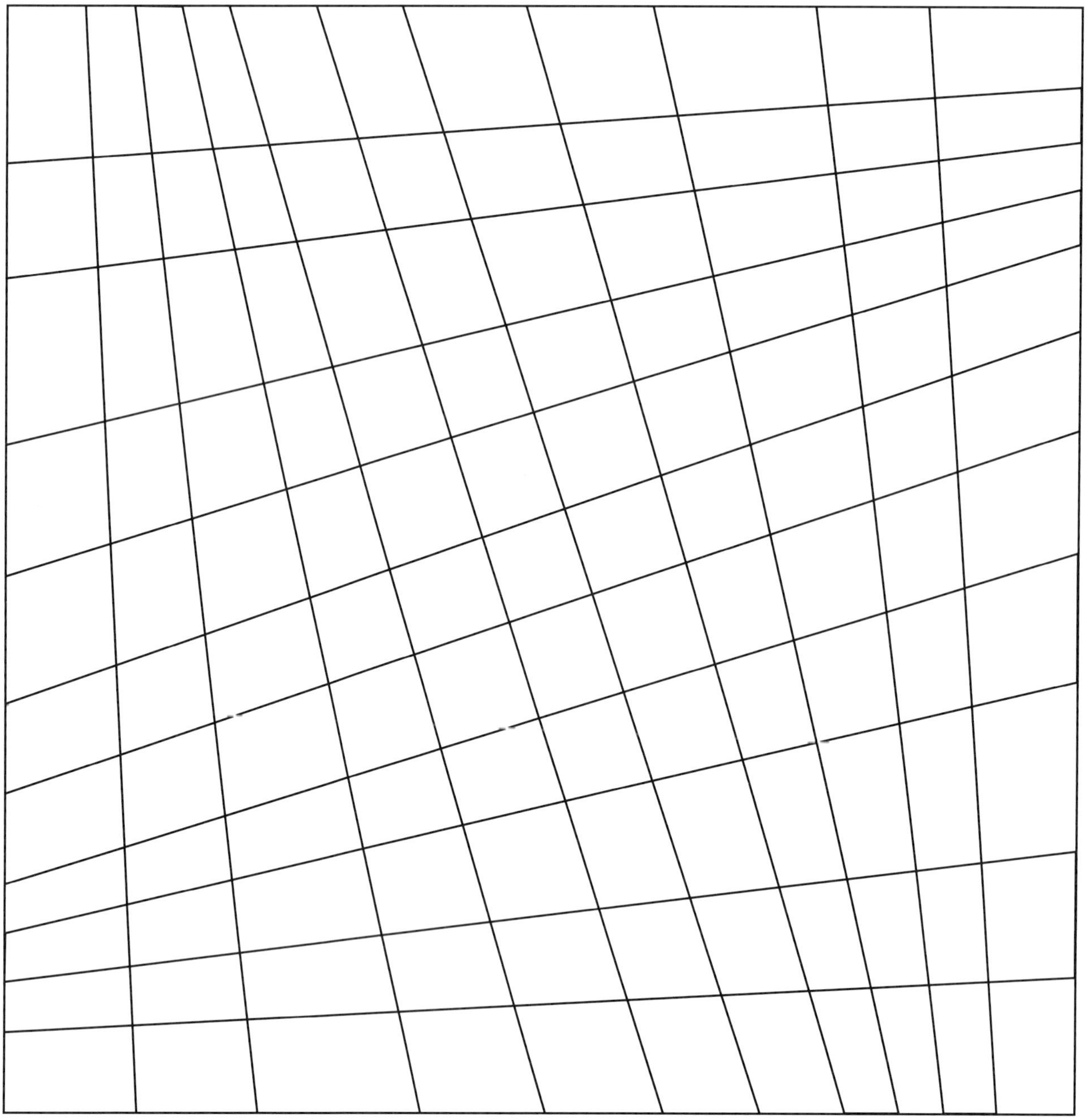

Zusatzaufgabe: Lautes Verhalten im Unterricht

Lauras Eltern haben von der Klassenlehrerin einen Brief erhalten. Darin steht:

„Laura hat den Mathematikunterricht trotz mehrfacher Ermahnungen durch lautes Verhalten gestört und bekam einen Klassenbucheintrag."

Stell dir vor, du wärst dabei gewesen. Beschreibe ausführlich, wodurch Laura Klasse und Lehrer so sehr gestört hat.

Zusatzaufgabe: Lautes Verhalten im Unterricht

Marc liegt am Samstagabend früher als sonst im Bett.
Er jammert über starke Kopfschmerzen.
„Der Tag war soo laut!", klagt er.
Male und beschreibe, welcher Lärm Marcs schlimme Kopfschmerzen ausgelöst hat.

Zusatzaufgabe: Lautes Verhalten im Unterricht

„Jetzt ist Schluss! Ich halte den Krach nicht mehr aus!", ruft Mutter. Sie steigt aufs Fahrrad und fährt in den Park. Sieh dir die Bilder genau an und schreibe auf, welche Ursachen der schlimme Lärm hat.

1 _____
2 _____
3 _____
4 _____
5 _____
6 _____
7 _____
8 _____
9 _____
10 _____

B. Jaglarz / G. Bemmerlein: *Bußgeldkatalog*
© Persen Verlag

Zusatzaufgabe: Lautes Verhalten im Unterricht

Starker Lärm macht Menschen krank.
**Überlege, was Lärm macht, und male sechs verschiedene Bilder dazu.
Schreibe darunter, worum es sich handelt.**

Zusatzaufgabe: Lautes Verhalten im Unterricht

**Schreibe auf, warum es so wichtig ist,
dass sich alle Kinder im Unterricht ruhig verhalten.**

① _____

② _____

③ _____

④ _____

**Male ein schönes Ruhezeichen.
Schneide es aus und lege es auf deinen Platz im Klassenzimmer.**
Es soll dich daran erinnern, ruhig zu bleiben.

Zusatzaufgabe: Lautes Verhalten im Unterricht

Das Schild unten soll Kinder an ruhiges Verhalten im Unterricht erinnern.
Wer hält das Ruhe-Schild?
Male die Gestalt und hänge das Bild in den Klassenraum.

Zusatzaufgabe: Elektronische Geräte im Unterricht

Nummeriere die Sätze und schreibe die Geschichte in der richtigen Reihenfolge auf.

Kein guter Tag für Anika

◯ Und weil es so schön klingt, lässt sich Anika auch oft und gerne anrufen.

◯ Jetzt müssen Anikas Eltern das Gerät in der Schule abholen und mit der Lehrerin ein Gespräch führen.

◯ Plötzlich ertönt Anikas Handy und die Schüler singen die Melodie mit.

◯ Sie ist glücklich und trägt es immer und überall bei sich, leider auch in der Schule.

◯ Heute schreibt die Klasse einen Sachkundetest.

(1) Anika bekam zum Geburtstag ein richtig tolles Handy.

◯ Die Lehrerin tobt und nimmt Anika das Telefon weg.

◯ Als Rufton spielt das Gerät einen echten Megahit.

Zusatzaufgabe: Elektronische Geräte im Unterricht

Male dein elektronisches Gerät.

Im Unterricht ist der Betrieb von elektronischen Geräten nur mit Erlaubnis des Lehrers und zu Unterrichtszwecken oder in Notfällen erlaubt.
Halte dich an diese Regel und schreibe sechs Orte auf, an denen du elektronische Geräte benutzen darfst.

1. _____
2. _____
3. _____
4. _____
5. _____
6. _____

Zusatzaufgabe: Unerlaubtes Aufstehen und Herumlaufen

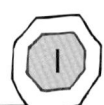

Aufstehen und Herumlaufen ist im Unterricht verboten, damit keine Unruhe entsteht und beim Lernen niemand gestört wird. Es gibt aber genügend Sportarten, bei denen man besonders viel laufen darf und muss.

Nenne drei dieser Sportarten und male für jede der Sportarten ein Zeichen.

Sportart:

_____

Sportart:

_____

Sportart:

_____

Zusatzaufgabe: Unerlaubtes Aufstehen und Herumlaufen

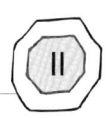

Aufstehen und Herumlaufen ist im Unterricht verboten, damit keine Unruhe entsteht und beim Lernen niemand gestört wird. Es gibt aber genügend Sportarten, bei denen man besonders viel laufen darf und muss.

Male für die Fußballmannschaft deiner Klasse ein cooles Trikot, das Mädchen und Jungen deiner Klasse zum Mitlaufen und Mitspielen anspornt.

Zusatzaufgabe: Essen und Trinken im Unterricht

Warum hat die Zeit für dein Pausenfrühstück nicht gereicht?
Erzähle, welche spannenden Ereignisse in der Pause geschehen sind.

Male dein Lieblingspausenfrühstück.

Zusatzaufgabe: Essen und Trinken im Unterricht

Löse das Frühstücksrätsel
und halte dich an das Ess- und Trinkverbot im Unterricht.

TRUHGOJ
NEREEBDRE
IMALAS
TSRUW
TFASNEGNARO

LEFPA

AKIRPAP
OAKAK

ESÄK

ENANAB
TFASLEFPA
ETTORAK
ESSÜN
HCLIM
RESSAW
TORB
TSURBRENHÜH

EKRUG

ENIRADNAM

NEHCSEIDAR

RETTUB

NEHCSRIK

NEHCTÖRB

Lösung:

G

Zusatzaufgabe: Kaugummikauen im Unterricht

Schreibe eine Reizwortgeschichte, in der folgende Begriffe wichtig sind:
Mathestunde, Kaugummi, Stuhl, Jeanshose, Tränen
Vergiss die Überschrift nicht!

Zusatzaufgabe: Kaugummikauen im Unterricht

Kaugummi kauen kann zuweilen störend, manchmal sogar gefährlich sein. Weißt du, wo oder wann man auf keinen Fall kauen darf?

- beim Karatetraining
- beim Zahnarzt
- beim Fahrradfahren
- beim Einkaufen
- beim Spaziergang
- beim Zähneputzen
- beim Vorsingen
- beim Essen
- im Auto
- beim Einschlafen
- beim Boxen
- im Kino
- im Unterricht
- im Bus
- im Zug
- im Wald

**Male die Kaugummiblasen grün an, wenn Kaugummikauen erlaubt ist, und rot, wenn es verboten ist.
Trage die Aussagen dann richtig in die Tabelle ein.**

Kaugummikauen erlaubt

1 _____
2 _____
3 _____
4 _____
5 _____
6 _____
7 _____
8 _____

Kaugummikauen nicht erlaubt

1 _____
2 _____
3 _____
4 _____
5 _____
6 _____
7 _____
8 _____

Zusatzaufgabe: Kaugummikauen im Unterricht

Male die Verpackung deines Lieblingskaugummis.

Weißt du eigentlich, woraus dein Kaugummi besteht?
Schreibe von der Verpackung ab, woraus dein Kaugummi besteht, und kaue nicht mehr im Unterricht.

Zusatzaufgabe: Werfen von Gegenständen im Unterricht

Schreibe die Regeln für ein Wurfspiel mit Zielscheibe.

Regeln:

_____

_____

_____

_____

_____

Male die Zielscheibe:

Zusatzaufgabe: Werfen von Gegenständen im Unterricht

Knapp vorbei ist manchmal voll daneben

Die Klasse arbeitet für den Malwettbewerb. Maria malt für ihr Thema „Besuch aus einer anderen Welt" mit Filzstiften einen grünen Außerirdischen. Die Banknachbarin, Eva, malt mit Wasserfarben. Maxi nebenan hat den Radiergummi vergessen. Sein Freund Marcel teilt seinen großen Ratzefummel mit ihm. Sie sitzen weit auseinander und die Jungs sind zu faul zu laufen. Also fliegt der Radierer hin und her. Diesmal fliegt er knapp an Maxi vorbei und klatscht in Evas Wasserbecher. Der fällt auf Marias Außerirdischen. Das farbige Wasser verläuft über das Bild. Maria weint bitterlich. Frau Kern ist böse: „Marcel, für dich ist der Malwettbewerb nun vorbei. Aber nicht für Maria. Du wirst ihr nämlich zuerst den coolsten Außerirdischen malen, den die Welt je gesehen hat!"

Male dieses Bild!

Zusatzaufgabe: Papierflieger im Unterricht

Schreibe sechs Beispiele: Wo dürfen Papierflieger fliegen?

1. ___
2. ___
3. ___
4. ___
5. ___
6. ___

Male ein Verbotszeichen für Papierflieger im Unterricht und halte dich daran.

Nicht im Unterricht

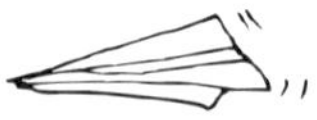

Zusatzaufgabe: Papierflieger im Unterricht

Pausenflieger

**Male einen coolen Papierflieger,
der in der großen Pause allen Schülern auffällt.**

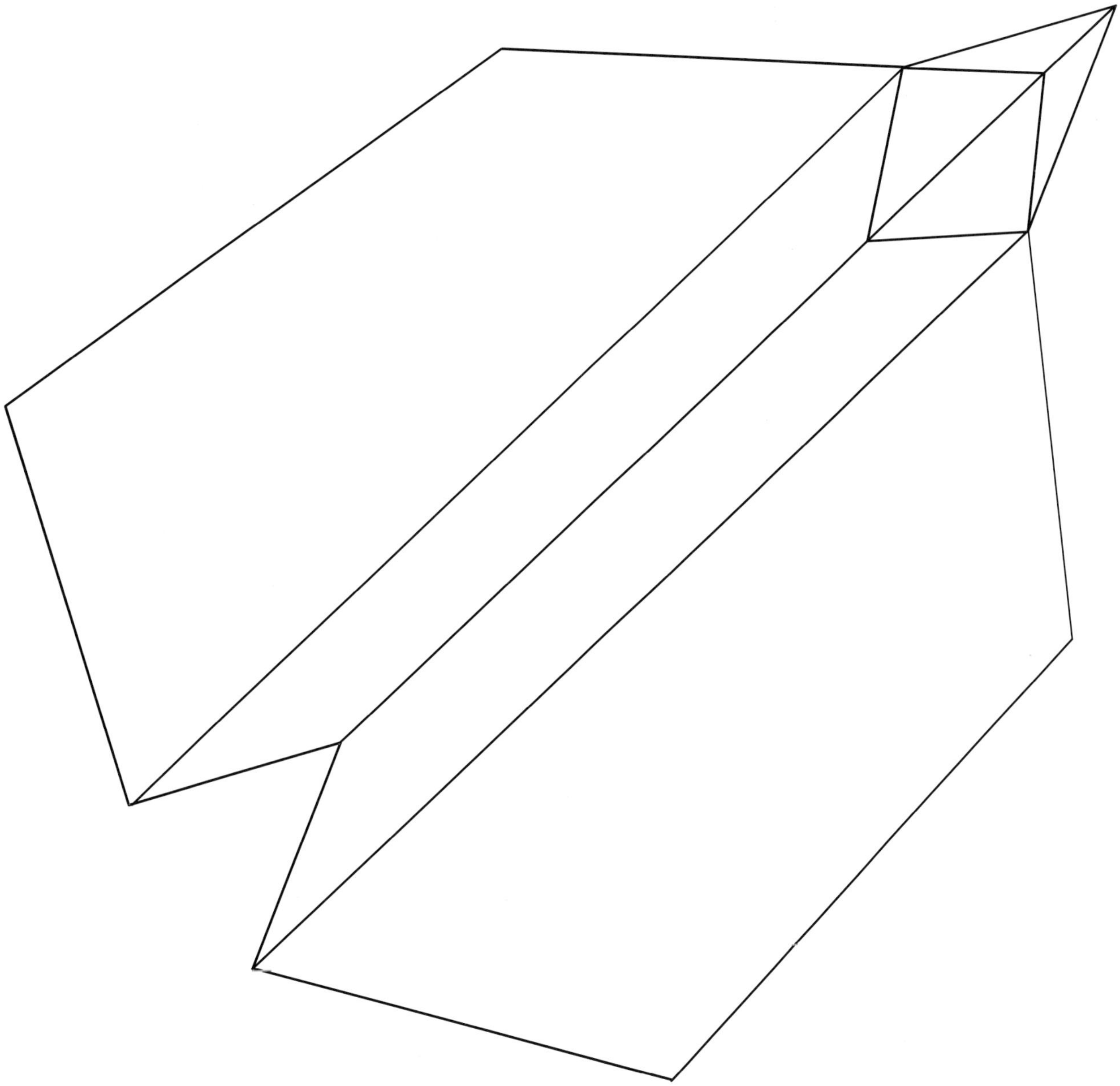

Zusatzaufgabe: Spucken mit dem Spuckrohr

Welche Satzteile passen zusammen?
Beziffere die zusammengehörigen Teile.

1	Spucken mit dem Spuckrohr		machen Schüler meist aus dem Mittelteil eines Kugelschreibers.
2	Es ist jedoch		setzt sich der Speichel im Spuckrohr ab.
3	Das Spuckrohr		steckt oft andere mit Krankheiten an.
4	Die Kügelchen		ärgerlich, Ekel erregend und unhygienisch.
5	Beim Spucken		wird sogar jemand ins Auge getroffen.
6	Der versprühte Speichel		empfinden dabei Ekel und Abscheu.
7	Nicht selten		macht manchen Schülern leider Spaß.
8	Die meisten Opfer		formen die Schüler oft aus gekautem Papier.

Schreibe nun die ganzen Sätze in Schönschrift:

_____

_____

_____

_____

_____

_____

_____

Zusatzaufgabe: Spucken mit dem Spuckrohr

Schreibe eine Reizwortgeschichte. Verwende dabei die eingerahmten Wörter.
Diese Wörter müssen in der Geschichte wichtig sein.

| Deutschstunde, Spuckrohr, Benjamin, Augenarzt, Klassenbucheintrag |

Zusatzaufgabe: Arbeitsmaterial vergessen

Lies diese Geschichte zum Thema Vergesslichkeit und male, was im Stadion geschehen ist.

So eine Pfeife!

Norbert Hanke ist Schiedsrichter. Am Sonntag spielen der VFL Neustadt und der FV 05 Benberg gegeneinander. Herr Hanke soll das Spiel pfeifen. Er ist pünktlich da. Um 15.00 Uhr will er anpfeifen. Aber wo ist die Pfeife? „Verdammt", murmelt Herr Hanke und sucht verzweifelt in den Taschen seines schwarzen Trikots. „Vergessen? – Das gibt's doch nicht!", stöhnt er. Und er sucht weiter in seinen Taschen. Die Spieler sehen das und fangen an zu lachen. Dann lacht das Publikum auf den Rängen. Dröhnendes Gelächter von allen Seiten klingt dem Schiedsrichter in den Ohren. Sein Kopf ist vor Scham hochrot. So eine Blamage! Da kommt ein Linienrichterkollege gelaufen. Zufällig hat er eine Trillerpfeife dabei. „Gott sei Dank!", seufzt der Schiedsrichter, als er die Trillerpfeife zum Mund führt und das Spiel anpfeift.

Zusatzaufgabe: Arbeitsmaterial vergessen

Schreibe auf, welche Arbeit die unten aufgeführten Personen nicht erledigen können, weil sie ihre Arbeitsmaterialien vergessen haben. Erkläre auch, welche Folgen das haben kann.

Der **Notarzt** vergisst den Arztkoffer.

_____
_____
_____

Die **Friseuse** vergisst ihre Brille.

_____
_____
_____

Der **Bäcker** vergisst, Mehl zu bestellen.

_____
_____
_____

Die **Lehrerin** vergisst die Schultasche.

_____
_____
_____

Der **Kapitän** vergisst die Seekarte.

_____
_____
_____

Zusatzaufgabe: Arbeitsmaterial vergessen

Trage in Schönschrift die Dinge in die Merkzettel ein, die du jeden Tag für die Schule brauchst. Nimm deinen Stundenplan zu Hilfe.

Für **Montag** brauche ich:
___

Für **Dienstag** brauche ich:
___

Für **Mittwoch** brauche ich:
___

Für **Donnerstag** brauche ich:
___

Für **Freitag** brauche ich:
___

Zusatzaufgabe: Arbeitsmaterial vergessen

Löse das Rätsel zum Thema Vergesslichkeit und vergiss kein Unterrichtsmaterial mehr.

IMMUGREIDAR → R A D I E R G U M M I

KCOLBLAM

ESODTORB

REZTIPSNA

EREHCS

EHCSALFKNIRT

NEHCPPÄM

EHUHCSNRUT

REHCÜB

SALTA

TFEHLEBAKOV

RELLÜF

REBELK

LAENIL

NETSAKLAM

ETFITSTNUB

ETFEH

NEZNAR

ETFITSZLIF

TFITSIELB

REBIERHCSLEGUK

LESNIPLAM

ESOHNRUT

NEBAGFUASUAH

Lösung: D _ _ _ _ _ _ _ _ _ _ _ _ _ _ _ _ _ _ _ _ _ _ _ _ _ _

Zusatzaufgabe: Hausaufgaben vergessen

Mein Tagesplan
Schreibe auf, woran du jeden Tag denken musst.
Male den Plan schön aus und hänge ihn über deinen häuslichen Arbeitsplatz.

Mein Tagesplan

1. _____
2. _____
3. _____
4. _____
5. _____
6. _____
7. _____
8. _____
9. _____
10. _____

Zusatzaufgabe: Hausaufgaben vergessen

Vergesslichkeit kann manchmal schlimme Folgen haben.
Erzähle im Brief an die Oma genau, was geschehen ist.

Liebe Oma,
stell Dir vor, gestern Morgen war Glatteis.
Der Hausmeister hat vergessen, vor der Schule
Salz zu streuen.

Zusatzaufgabe: Hausaufgaben vergessen

Der Hausaufgabenerinnerungsroboter

Male einen Spezialroboter, der dich mit ganz vielen Tricks an alle Hausaufgaben erinnern kann.

Zusatzaufgabe: Hausaufgaben vergessen

Erzähle die Geschichte zu Ende.

Die Affen sind los

Abends, kurz nach sechs Uhr, beendete Zoowärter Krause die Arbeit im Affenkäfig. Der Käfig war blitzsauber und die Affen hatten Futter und Wasser für die Nacht bekommen. Aber beim Fortgehen vergaß Herr Krause, die Türe des Käfigs zu schließen. Die schlauen und frechen Äffchen bemerkten die Schusseligkeit ihres Wärters sofort. Am nächsten Morgen betrat der Zoodirektor, Herr Meyer, den Zoo und traute seinen Augen nicht:

Zusatzaufgabe: Hausaufgaben vergessen

Ein vergesslicher Computer
Der Computer hat in der Geschichte die Buchstaben o und u vergessen.
Setze sie ein.

Der Kopf muss sich auch mal ausruhen …

Fred Haber hat Dienst bei der A___t___bahnp___lizei. Seine A___fgabe macht ihm Spaß. Manchmal ist er ein wenig sch___sselig, aber das ist nicht schlimm, meint er. Der K___pf m___ss sich a___ch mal a___sr___hen", sagt er z___ den K___llegen.
A___f Streifenfahrt geht der F___nk: Ein Bankrä___ber ist a___f der Fl___cht – 50.000 E___r___ Be___te – bla___er F___rd. Gena___ in diesen A___t___bahnabschnitt wird er hineinfahren. ___nd da sieht der P___lizist a___ch sch___n den Wagen des Gan___ven v___rbeiziehen. Bla___licht, Martinsh___rn einschalten ___nd hinterher … Fred s___mmt ein Liedchen, während der M___t___r des P___lizeiwagens dröhnt. Am nächsten A___t___bahnparkplatz wird Fred den F___rd v___n der Straße in den Parkplatz drängen, d___rt gibt es eine Sackstraße in den Acker. Wenn der Rä___ber da hineinflüchtet, ist die Fahrbahn plötzlich z___ Ende ___nd der Verbrecher bleibt stecken. „Ganz elegant geht das", m___rmelt der Beamte v___r sich hin ___nd malt sich a___s, wie er z___m P___lizei___bermeister befördert wird. N___ch 2 Kil___meter, dann k___mmt der Parkplatz. War___m r___ckt a___f einmal der P___lizeiwagen? Der M___t___r st___ttert, dann steht er. „Das trä___ mich n___r", denkt der P___lizist. „A___sgerechnet jetzt geht das A___t___ kap___tt!" Der P___lizeiwagen r___llt a___f der Standsp___r der A___t___bahn a___s, der Bankrä___ber ist über alle Berge. Dann sieht Fred das gelbe Lämpchen an der Tankanzeige. Der Zeiger der Benzin___hr steht a___f N___ll. „Ach d___ lieber G___tt, ich habe vergessen z___ tanken", stöhnt P___lizeimeister Haber. Er fängt an z___ schwitzen. Keine Beförder___ng, der Sp___tt der K___llegen ist ihm sicher, der Ärger mit den V___rgesetzten a___ch. Was s___ll er ins Pr___t___k___ll schreiben? Dass sich der K___pf a___ch mal a___sr___hen m___ss? Dass es nichts a___smacht, wenn man etwas sch___sselig ist?

Zusatzaufgabe: Hausaufgaben vergessen

Lukas hat die Hausaufgabe zum dritten Mal vergessen. Die Lehrerin ist enttäuscht und wird mit den Eltern sprechen. Schreibe auf, warum Lukas die Hausaufgaben vergessen haben könnte.

Nenne fünf verschiedene Möglichkeiten.

1 _____

2 _____

3 _____

4 _____

5 _____

Zusatzaufgabe: Heft vergessen

**Fülle den Steckbrief des Heftes aus, das du vergessen hast.
Male auch die Vorderseite des Heftes.**
Dann wirst du es bestimmt nicht mehr vergessen.

Mein vergessenes Heft

Fach: _____

Schülername: _____

Klasse: _____

Farbe: _____

Deckblatt, Bild: _____

Maße: _____

Gewicht: _____

Seitenzahl: _____

Preis: _____

Was steht im Heft? _____

_____

Zusatzaufgabe: Heft vergessen

Male dein tolles Lieblingsheft. Es soll ein Heft sein, das so aussieht, dass du es nie vergessen würdest.

Zusatzaufgabe: Sportsachen vergessen

Fußballspiel mit Hindernissen

Heute findet das große Hallenfußballturnier um die Schulmeisterschaft statt. Till ist der große Star der Klasse 4a. Keiner in der Klasse kann besser dribbeln, und einen ordentlichen Schuss hat er auch. Am Morgen kommt Till gelassen in die Schule. Er weiß, wie gut er ist. Und die Klasse verlässt sich auf ihn. „Wir werden Meister!", rufen sie schon seit Tagen. Und sie freuen sich schon, denn der Klassenlehrer, Herr Rein, hat versprochen, den Sieg kräftig zu feiern – ohne Hausaufgaben. Um neun werden die vierten Klassen aufgerufen. Till hat sich im Umkleideraum gerade gemütlich das Trikot angezogen. Dann erschrickt er: „Die Fußballschuhe, verdammt … die habe ich vergessen! Und mit Straßenschuhen geht's nicht in der Halle."

Zusatzaufgabe: Sportsachen vergessen

**Male deine Sportsachen,
die für den Sportunterricht brauchst
und die du nicht vergessen darfst.**

Zusatzaufgabe: Mitschülern Gegenstände wegnehmen

Erzähle die Geschichte zu Ende.

Max liebt Paula

Max nahm Paula mal schnell das Mäppchen weg. So aus Spaß, um sie zu necken, denn eigentlich mochte er sie sehr. Es war die letzte Schulstunde, das Mädchen würde genervt ihr Mäppchen suchen, wenn sie schreiben müsste, und er könnte dann mit ihr ein Scherzchen machen. Der Musikunterricht war lustig, geschrieben wurde nicht. Max vergaß das Mäppchen unter der Bank und Paula bemerkte nichts. Die Schule war zu Ende, die Kinder standen an der Bushaltestelle, als Paula laut zu weinen begann. „Im Mäppchen ist mein Fahrausweis", schluchzte sie, „und es ist weg!" Max war starr vor Schreck. „In der Klasse!", schrie er. „Paula, komm schnell!" Sie liefen zurück, doch das Klassenzimmer war verschlossen.

Zusatzaufgabe: Mitschülern Gegenstände wegnehmen

**Male einen schönen Blumenstrauß,
den du zur Entschuldigung verwenden würdest.**

*Entschuldigung
- es kommt nicht mehr vor*

Zusatzaufgabe: Mitschüler ärgern

Mensch ärgere andere nicht!

Danke für deinen Rat!   Du bist verrückt!
Komm mich besuchen!
Hau ab!
Mit dir will ich nichts zu tun haben!
Ich helfe dir gerne!   Du bist echt super!
Du bist bescheuert!   Du spinnst!
Du bist mein bester Freund!
Schön, dich zu sehen!
Du hast nicht alle Tassen im Schrank!

1 Schreibe in Schönschrift die Sätze, über die du dich ärgern würdest.

_____
_____
_____
_____
_____

2 Schreibe in Schönschrift die Sätze, über die du dich freuen würdest.

_____
_____
_____
_____
_____

Zusatzaufgabe: Mitschüler ärgern

Lade den Mitschüler, den du geärgert hast, zu einer Runde „Mensch ärgere Dich nicht" ein.

Einladung

Liebe(r) _____

Ich lade Dich ein zu _____
_____
_____

Ort _____

Datum / Uhrzeit _____

Dein(e) _____

Verziere das Spielfeld so, dass es dir richtig gut gefällt.

Zusatzaufgabe: Mitschüler beleidigen

Bianca mag Jessica sehr. Trotzdem hat sie die Freundin beleidigt. Die spricht jetzt nicht mehr mit ihr und geht ihr aus dem Weg. Das geht so seit Tagen. Bianca ist stolz. Sie hat sich nicht entschuldigt, sondern erwartet, dass Jessica die Kränkung irgendwann vergisst. Aber das geschieht nicht. Bianca bemerkt, dass Jessica eine neue Freundin sucht. Nun überlegt Bianca, was sie tun kann, um die alte Freundschaft zu retten. Eine einfache Entschuldigung wird nicht mehr genügen, das weiß sie. Aber ihr fällt einfach nichts ein.

Schlage Bianca vor, was sie tun kann, um Jessicas Freundschaft wiederzugewinnen.

1. _____

2. _____

3. _____

4. _____

5. _____

6. _____

Zusatzaufgabe: Mitschüler beleidigen

Male und schreibe dem Kind, das du beleidigt hast, eine hübsche Entschuldigungskarte.

Entschuldigung

-es tut mir richtig leid!

sorry

Zusatzaufgabe: Anwendung körperlicher Gewalt

Nummeriere die Sätze und schreibe die Geschichte in der richtigen Reihenfolge auf.

Die Mathematikgenies

◯ Jeder will in Mathematik der Beste sein.

◯ Jetzt muss sich Jens bei Luca entschuldigen und ihm alle seine Hefte überlassen, damit dieser zu Hause für die Schule arbeiten kann.

◯ Luca wird zwei Wochen im Bett bleiben müssen.

(1) Jens und Luca aus der 3b haben Streit.

◯ Das lässt sich Jens nicht gefallen. Er schlägt zu. Luca will ausweichen und fällt mit dem Rücken krachend auf die Tischkante.

◯ Bei den Mädchen spottet Jens: „Der Luca rechnet auch nur so gut wie sein superflacher Taschenrechner, den er immer im Heft hat."

◯ Dagegen erklärt Luca: „Jens kann gar nicht rechnen und lernt nur das Lösungsheft des Mathebuchs auswendig."

◯ Er krümmt sich vor Schmerzen. Seine Mutter holt ihn ab und der Arzt stellt einen Rippenbruch fest.

Zusatzaufgabe: Anwendung körperlicher Gewalt

Male für das Kind, dem du wehgetan hast, ein Entschuldigungsbild. Es soll zeigen, dass es dir wirklich leid tut.

SORRY

FÜR: _____

VON: _____

Zusatzaufgabe: Lügen

Kannst du Wahrheit und Lüge voneinander unterscheiden?

Entscheide und kreuze die richtige Antwort an.

	Lüge	Wahrheit
1 Ich darf zu spät zum Unterricht kommen.	☐	☐
2 Ich sollte anderen Menschen öfter helfen.	☐	☐
3 Schüler dürfen einander nicht beleidigen.	☐	☐
4 Jemandem das Bein stellen ist verboten.	☐	☐
5 Petzen ist nicht schön.	☐	☐
6 Andere bespucken ist ätzend.	☐	☐
7 Lügen macht mich beliebt.	☐	☐
8 Verspätungen sind im Unterricht erlaubt.	☐	☐
9 Schüler müssen Hausaufgaben nicht machen.	☐	☐
10 Sport macht Spaß.	☐	☐
11 Schreien ist im Unterricht erlaubt.	☐	☐
12 Wir sollen unser Arbeitsmaterial nicht vergessen.	☐	☐

Schreibe noch fünf eigene Sätze dazu und kreuze an.

	Lüge	Wahrheit
1 _____	☐	☐
2 _____	☐	☐
3 _____	☐	☐
4 _____	☐	☐
5 _____	☐	☐

Zusatzaufgabe: Lügen

Luca kauft heute für Mama ein:
1 Stück Butter, 1 Liter Milch, ein Brot und drei Bananen.
Seine Mutter gibt ihm dafür einen 10-Euro-Schein. Als sie nach dem Einkauf das Wechselgeld zurückhaben will, gibt er ihr 1,50 Euro wieder. Als die Mutter staunt, sagt er: „So viel habe ich an der Kasse zurückbekommen."

Butter:	0,75 €
Milch:	0,80 €
Brot:	1,55 €
Bananen:	2,90 €

Luca zahlte: _____ €

Wie viel Geld fehlt? _____ €

Warum hat Luca seine Mutter angelogen und Ärger bekommen?

Male, was er heimlich gekauft hat!

Zusatzaufgabe: Lügen

Male den verkohlten Lügenbeutel mit den kurzen Beinen und der langen Nase.

Zusatzaufgabe: Müll am Sitzplatz

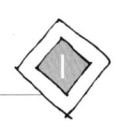

Welche Satzteile passen zusammen? Beziffere die zusammengehörigen Teile.

1. In Deutschland
2. Dies tun wir
3. Aus vielen Abfällen
4. Altglas
5. Aus Altpapier
6. Plastikmüll
7. Altmetall
8. Solche Abfallprodukte

( ) lassen sich neue Produkte herstellen.

( ) eignet sich z. B. für neue Gartenmöbel, Zäune oder Rohre.

( ) macht man wieder Hefte, Papier oder Karton.

( ) der Umwelt zuliebe.

( ) wird eingeschmolzen und neu verarbeitet.

( ) sind mit dem grünen Punkt gekennzeichnet.

( ) wird der Müll sortiert und getrennt gesammelt.

( ) ist Material für neue Flaschen und Gläser.

Schreibe nun die ganzen Sätze in Schönschrift:

_____

_____

_____

_____

_____

_____

_____

_____

Zusatzaufgabe: Müll am Sitzplatz

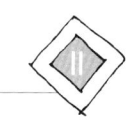

Verschiedene Abfälle sind hier rückwärts geschrieben.
Trage die Wörter in die richtige Mülltonne ein.

gnutieZ, rehcebtruhgoJ, nelahcsreiE, ehuhcS, tfeH, evresnokhcsiF, nelahcsleffotraK, ettamßuF, hcuB, eilofulA, nemulbttinchS, relleT, golataK, ehcsalfkitsalP, retlifeeffaK, esaV, lethcahcsnenilarP, notrakhcliM, retlifeeT, tterB, etsernetepaT, rettälbtalaS, letuebkitsalP, ellorppaP

**Grüne Tonne
(Biomüll)**

**Graue Tonne
(Restmüll)**

**Gelbe Tonne
(Kunst- und Wertstoffe)**

**Blaue Tonne
(Papier und Pappe)**

Zusatzaufgabe: Rennen im Schulgebäude

Erzähle die Geschichte zu Ende.

Der Läufer

Robin rennt zu Hause, in der Schule und auf der Straße. Dagegen ist nichts zu sagen. Denn Robin rast so geschickt um alle Ecken, dass er nicht stürzt. Höchstens die anderen, die rennt er schon mal über den Haufen.
Gestern war Lisa aus der 3c zu langsam – und Robin im Treppenhaus der Schule zu schnell. Lisa aß gerade einen Apfel. Wenn Lisa einen Apfel isst, guckt sie nicht nach Läufern.

Zusatzaufgabe: Rennen im Schulgebäude

Ordne die Tunwörter nach der Geschwindigkeit (von langsam bis schnell) und renne nicht in der Schule.

stürmen, schleichen, gehen, rasen, flitzen, kriechen, hetzen, schreiten, rennen, marschieren, eilen, laufen, hasten, spazieren

1. _____
2. _____
3. _____
4. _____
5. _____
6. _____
7. _____
8. _____
9. _____
10. _____
11. _____
12. _____
13. _____
14. _____

Zusatzaufgabe: Rennen im Schulgebäude

Löse das Schnelle-Tiere-Sudoku und renne nicht mehr im Schulgebäude.

Trage in die Felder der Tabelle nach folgender Regel Wörter ein:

Die folgenden sechs Wörter dürfen …
- in jeder Zeile
- in jeder Spalte
- in jedem 2 X 3-Kästchen

… nur je einmal vorkommen.

Gepard   Pferd   Hase   Delfin   Falke   Kamel

	Falke		Hase		Kamel
Hase			Falke		Delfin
Pferd	Gepard				
		Falke		Hase	
	Hase	Gepard	Kamel		Pferd
Falke		Pferd		Delfin	

Zusatzaufgabe: Rennen im Schulgebäude

1 Nenne Orte, an denen man rennen darf, weil es dort ungefährlich ist.

_____

_____

_____

2 Male ein Verbotsschild für das Rennen im Schulgebäude und hänge es in deiner Klasse auf.

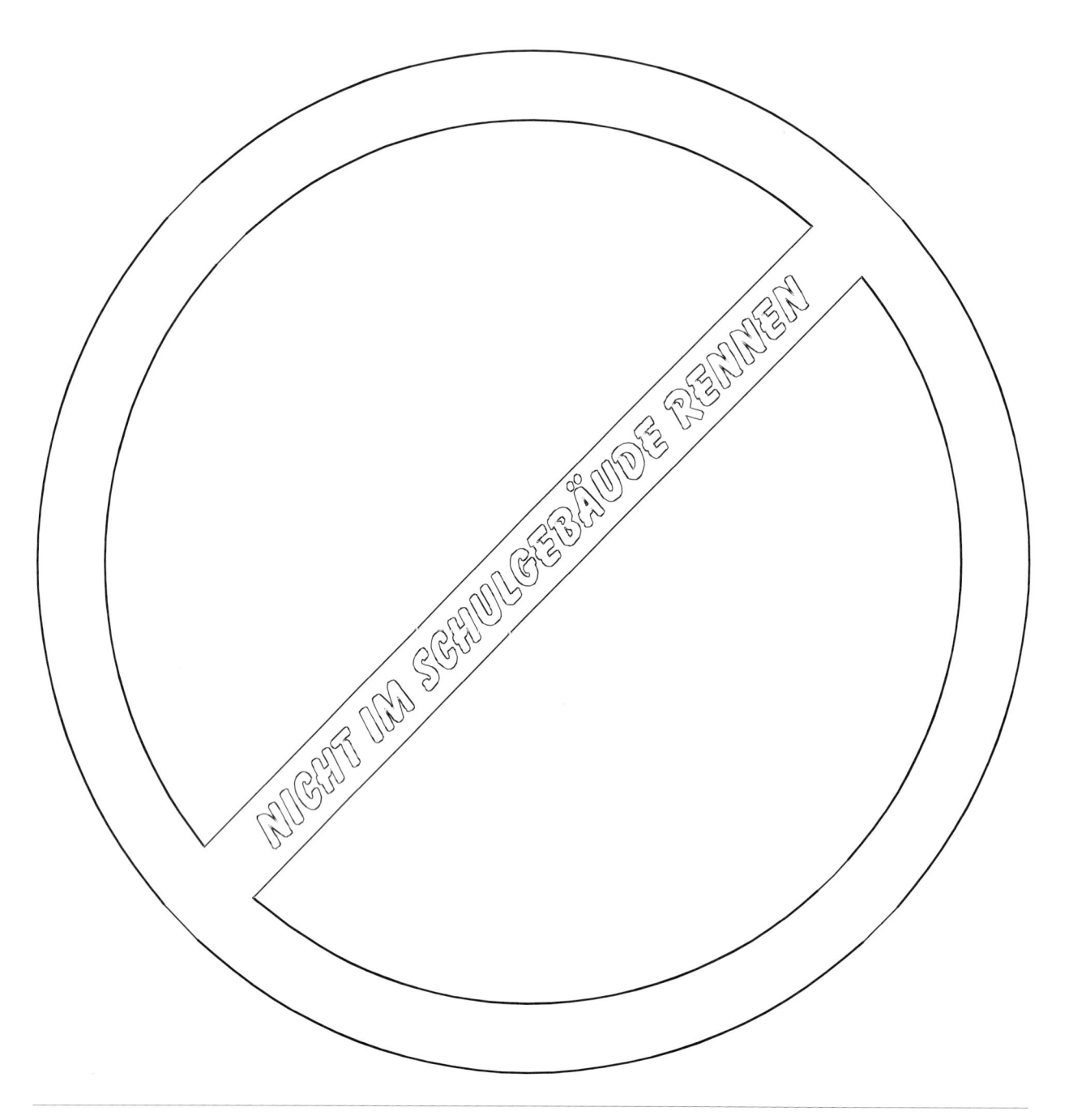

NICHT IM SCHULGEBÄUDE RENNEN

Zusatzaufgabe: Rennen im Schulgebäude

Male ein Plakat, das Schüler daran erinnert, dass sie im Schulgebäude nicht rennen, toben und schreien dürfen.

RENNEN, TOBEN, SCHREIEN, BITTE NUR IM FREIEN!

Zusatzaufgabe: Beschädigung von Schuleigentum

Male zuerst das Bild aus und beschreibe es dann genau.

Zusatzaufgabe: Werfen von Gegenständen auf dem Pausenhof

Werfen von Schneebällen, Steinen, Kastanien, Eicheln, Stöcken und anderen Gegenständen ist auf dem Pausenhof verboten.

Schreibe auf, warum dies verboten ist.

_____
_____
_____
_____

Male ein Schild, das das Werfen von Schneebällen, Steinen, Kastanien, Eicheln, Stöcken u. Ä. auf dem Pausenhof verbietet.

Zusatzaufgabe: Werfen von Gegenständen auf dem Pausenhof

Male zuerst das Bild aus und beschreibe es dann genau.

Armer Nils

Zusatzaufgabe: Rauchen auf dem Schulgelände

Welche Satzteile passen zusammen?
Beziffere die zusammengehörigen Teile.

1	Zigarettenrauch enthält	und an deine Gesundheit denken.
2	Deshalb schadet	Kindern und Jugendlichen streng verboten.
3	Der größte Schaden	nur noch schwer mit dem Rauchen aufhören.
4	Oft ist Lungenkrebs	auch abhängig.
5	Leider macht Rauchen	die Folge des übermäßigen Rauchens.
6	Nach einiger Zeit können Raucher	entsteht an der Lunge.
7	Deshalb ist Rauchen	das Rauchen der Gesundheit.
8	Du solltest dieses Verbot respektieren	gefährliche Gifte.

Schreibe nun die ganzen Sätze in Schönschrift:

Zusatzaufgabe: Rauchen auf dem Schulgelände

Es gibt bessere und gesündere Beschäftigungen als ausgerechnet Rauchen.
Trage diese Tätigkeiten richtig im Rätsel unten ein und finde den Lösungssatz.

BASTELN, LAUFEN, WANDERN, TANZEN, TELEFONIEREN, KLETTERN, BADEN, ZEICHNEN, NÄHEN, MALEN, SCHWIMMEN, HÄKELN, BACKEN, MUSIZIEREN, GRILLEN, ANGELN, FERNSEHEN, ~~WERKEN~~, TURNEN, FLÖTEN, KOCHEN, SINGEN

Lösung

R _ _ _ _ _ _   _ _ _ _ _   _ _ _ _ _ _ _ _   _ _ _ _

Lösungen

Kreuzworträtsel Unpünktlichkeit Seite 11

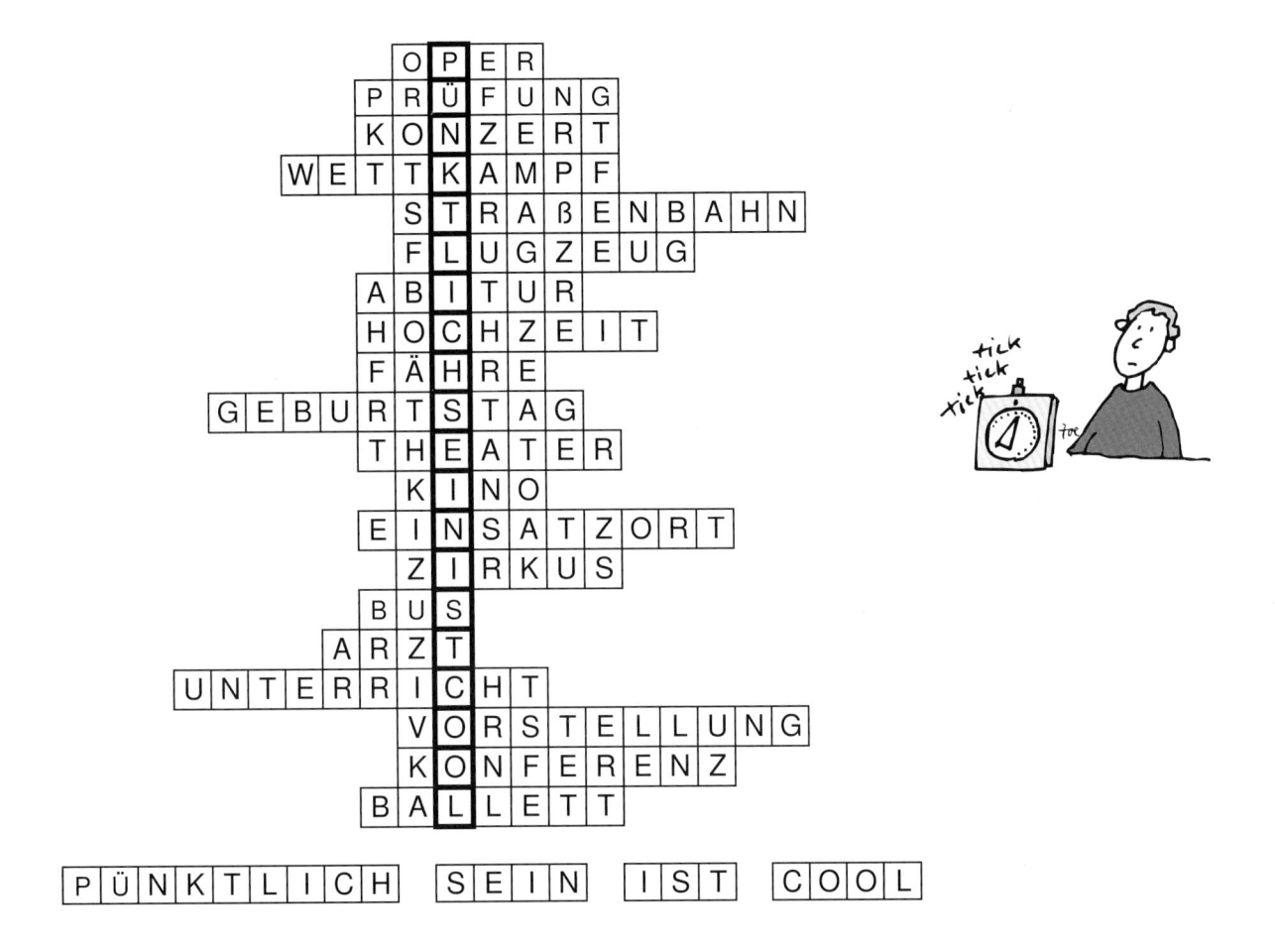

```
            O P E R
          P R Ü F U N G
          K O N Z E R T
      W E T T K A M P F
            S T R A ß E N B A H N
            F L U G Z E U G
        A B I T U R
        H O C H Z E I T
        F Ä H R E
  G E B U R T S T A G
        T H E A T E R
            K I N O
        E I N S A T Z O R T
            Z I R K U S
          B U S
        A R Z T
U N T E R R I C H T
            V O R S T E L L U N G
            K O N F E R E N Z
          B A L L E T T
```

P Ü N K T L I C H   S E I N   I S T   C O O L

Suchrätsel Täuschen Seite 15

B	P	U	N	F	A	I	R	X	G	S
E	E	U	L	S	B	X	S	P	Z	A
T	A	N	G	M	S	V	C	B	Y	B
R	U	S	P	I	C	K	E	N	O	G
Ü	N	X	P	O	H	C	B	A	Y	U
G	E	Y	O	U	R	P	Y	C	X	C
E	H	L	Ü	G	E	N	A	H	N	K
N	R	F	R	Q	I	P	P	M	D	E
N	L	A	V	Y	B	G	B	A	E	N
J	I	U	X	J	E	P	S	C	Y	N
V	C	L	D	O	N	Q	D	H	Y	N
C	H	F	Ä	L	S	C	H	E	N	R
L	Y	I	V	C	V	Q	S	N	T	H

Lösungen

Kreuzworträtsel Essen und Trinken im Unterricht Seite 28

```
            J O G H U R T
        E R D B E E R E N
              S A L A M I
            W U R S T
        O R A N G E N S A F T
        M A N D A R I N E
        A P F E L
    R A D I E S C H E N
          P A P R I K A
          K A K A O
          B U T T E R
            K Ä S E
    K I R S C H E N
          B A N A N E
          A P F E L S A F T
          K A R O T T E
            N Ü S S E
      M I L C H
          W A S S E R
          B R O T
          H Ü H N E R B R U S T
        B R Ö T C H E N
          G U R K E
```

G E S U N D E S   P A U S E N F R Ü H S T Ü C K

Kreuzworträtsel Arbeitsmaterial vergessen Seite 41

```
        R A D I E R G U M M I
          M A L B L O C K
      F I L Z S T I F T E
      B R O T D O S E
          A N S P I T Z E R
        S C H E R E
  B L E I S T I F T
        T R I N K F L A S C H E
      M Ä P P C H E N
  K U G E L S C H R E I B E R
      T U R N S C H U H E
      M A L P I N S E L
        B Ü C H E R
    T U R N H O S E
        A T L A S
      V O K A B E L H E F T
      F Ü L L E R
      K L E B E R
  H A U S A U F G A B E N
        L I N E A L
      M A L K A S T E N
      B U N T S T I F T E
        H E F T E
        R A N Z E N
```

D A S D A R F I C H N I C H T V E R G E S S E N

Lösungen

Geschichte Hausaufgabe vergessen Seite 46

Der Kopf muss sich auch mal ausruhen ...

Fred Haber hat Dienst bei der A**u**t**o**bahnp**o**lizei. Seine A**u**fgabe macht ihm Spaß. Manchmal ist er ein wenig sch**u**sselig, aber das ist nicht schlimm, meint er. Der K**o**pf m**u**ss sich a**u**ch mal a**u**sr**u**hen", sagt er z**u** den K**o**llegen.
A**u**f Streifenfahrt geht der F**u**nk: Ein Bankrä**u**ber ist a**u**f der Fl**u**cht – 50.000 E**u**r**o** Be**u**te – bla**u**er F**o**rd. Gena**u** in diesen A**u**t**o**bahn- abschnitt wird er hineinfahren. **U**nd da sieht der P**o**lizist a**u**ch sch**o**n den Wagen des Gan**o**ven v**o**rbeiziehen. Bla**u**licht, Martinsh**o**rn einschalten **u**nd hinterher ... Fred s**u**mmt ein Liedchen, während der M**o**t**o**r des P**o**lizeiwagens dröhnt. Am nächsten A**u**t**o**bahnparkplatz wird Fred den F**o**rd v**o**n der Straße in den Parkplatz drängen, d**o**rt gibt es eine Sackstraße in den Acker. Wenn der Rä**u**ber da hineinflüchtet, ist die Fahrbahn plötzlich z**u** Ende **u**nd der Verbrecher bleibt stecken. „Ganz elegant geht das", m**u**rmelt der Beamte v**o**r sich hin **u**nd malt sich a**u**s, wie er z**u**m P**o**lizei**o**bermeister befördert wird. N**o**ch 2 Kil**o**meter, dann k**o**mmt der Parkplatz. War**u**m r**u**ckt a**u**f einmal der P**o**lizeiwagen? Der M**o**t**o**r st**o**ttert, dann steht er. „Das trä**u**m ich n**u**r", denkt der P**o**lizist. „A**u**sgerechnet jetzt geht das A**u**t**o** kap**u**tt!" Der P**o**lizeiwagen r**o**llt a**u**f der Standsp**u**r der A**u**t**o**bahn a**u**s, der Bankrä**u**ber ist über alle Berge. Dann sieht Fred das gelbe Lämpchen an der Tankanzeige. Der Zeiger der Benzin**u**hr steht a**u**f N**u**ll. „Ach d**u** lieber G**o**tt, ich habe vergessen z**u** tanken", stöhnt P**o**lizeimeister Haber. Er fängt an z**u** schwitzen. Keine Beförder**u**ng, der Sp**o**tt der K**o**llegen ist ihm sicher, der Ärger mit den V**o**rgesetzten a**u**ch. Was s**o**ll er ins Pr**o**t**o**k**o**ll schreiben? Dass sich der K**o**pf a**u**ch mal a**u**sr**u**hen m**u**ss? Dass es nichts a**u**smacht, wenn man etwas sch**u**sselig ist?

Sudoku Rennen im Schulgebäude Seite 67

Gepard	Falke	Delfin	Hase	Pferd	Kamel
Hase	Pferd	Kamel	Falke	Gepard	Delfin
Pferd	Gepard	Hase	Delfin	Kamel	Falke
Kamel	Delfin	Falke	Pferd	Hase	Gepard
Delfin	Hase	Gepard	Kamel	Falke	Pferd
Falke	Kamel	Pferd	Gepard	Delfin	Hase

Lösungen

Kreuzworträtsel Rauchen Seite 74

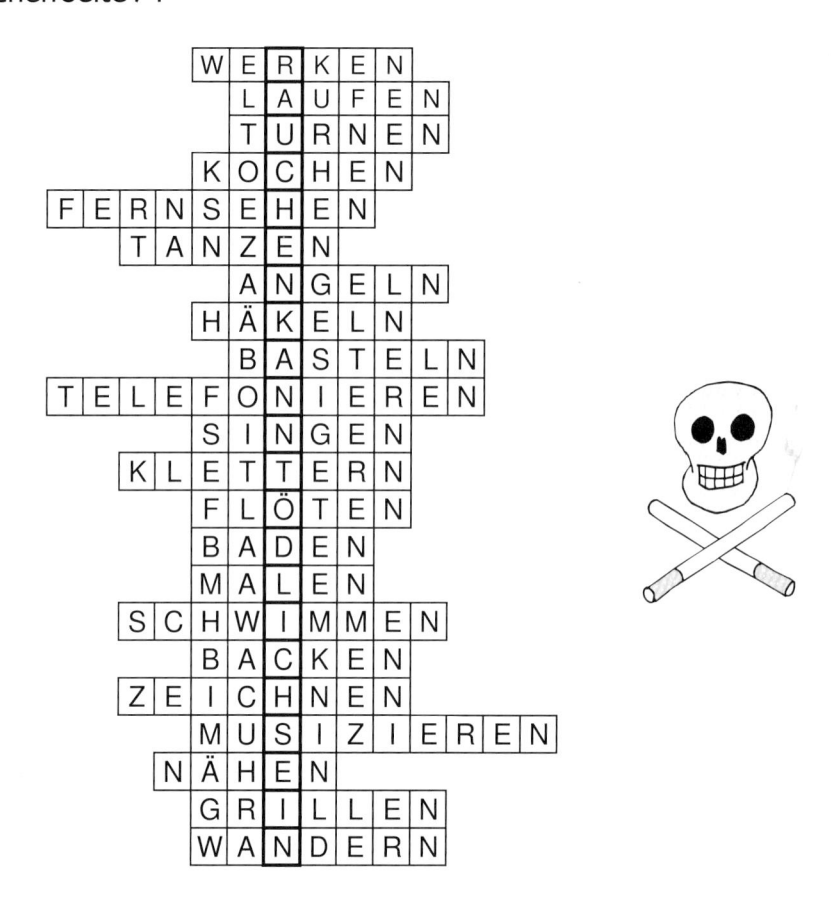

			W	E	R	K	E	N		
				L	A	U	F	E	N	
					T	U	R	N	E	N
				K	O	C	H	E	N	
F	E	R	N	S	E	H	E	N		
	T	A	N	Z	E	N				
				A	N	G	E	L	N	
	H	Ä	K	E	L	N				
			B	A	S	T	E	L	N	
T	E	L	E	F	O	N	I	E	R	E	N
				S	I	N	G	E	N	
	K	L	E	T	T	E	R	N		
			F	L	Ö	T	E	N		
			B	A	D	E	N			
			M	A	L	E	N			
S	C	H	W	I	M	M	E	N		
		B	A	C	K	E	N			
	Z	E	I	C	H	N	E	N		
	M	U	S	I	Z	I	E	R	E	N
	N	Ä	H	E	N					
		G	R	I	L	L	E	N		
		W	A	N	D	E	R	N		

Lösung:

| R | A | U | C | H | E | N | | K | A | N | N | | T | Ö | D | L | I | C | H | | S | E | I | N |

_____, den _____

Elterninformation im Fach: _____

Liebe Eltern, liebe Erziehungsberechtigte,

Die Schülerin / der Schüler _____ wurde

im Unterricht ermahnt, weil _____

_____

Die Schülerin / der Schüler erhielt deshalb eine Zusatzaufgabe. Diese dient dazu, dass sie / er sich gedanklich mit seinem Fehlverhalten auseinandersetzt.

Die Zusatzaufgabe soll bis zum _____ abgegeben und
mit Ihrer Unterschrift versehen sein.

Ich hoffe, dass sich das Verhalten Ihres Kindes ändert, sodass in Zukunft keine weitergehenden erzieherischen Maßnahmen notwendig werden.

Mit freundlichen Grüßen

_____

_____
Unterschrift eines Erziehungsberechtigten

Folgeseite für Textaufgaben

Beispielarbeiten

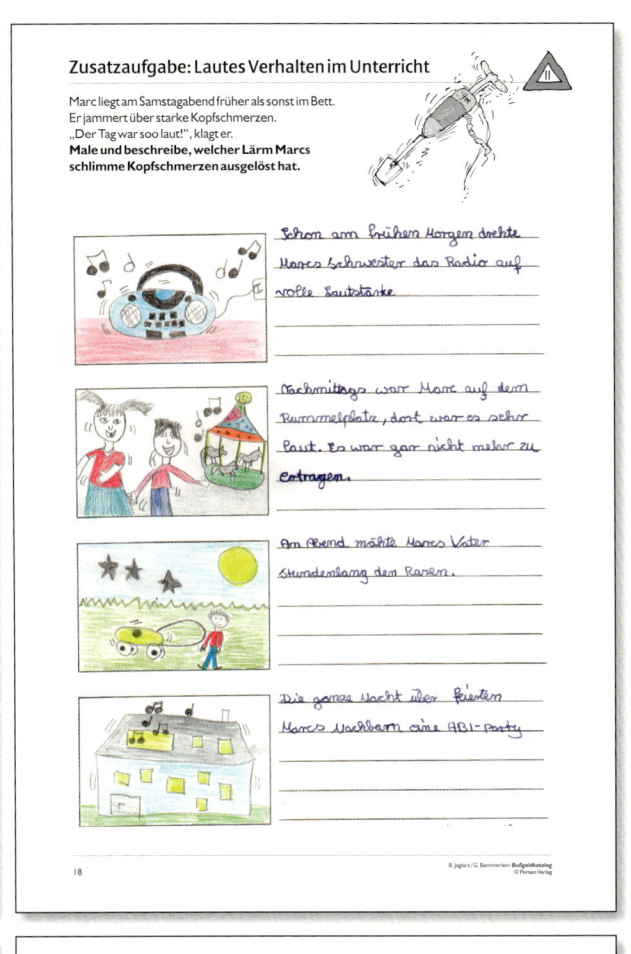

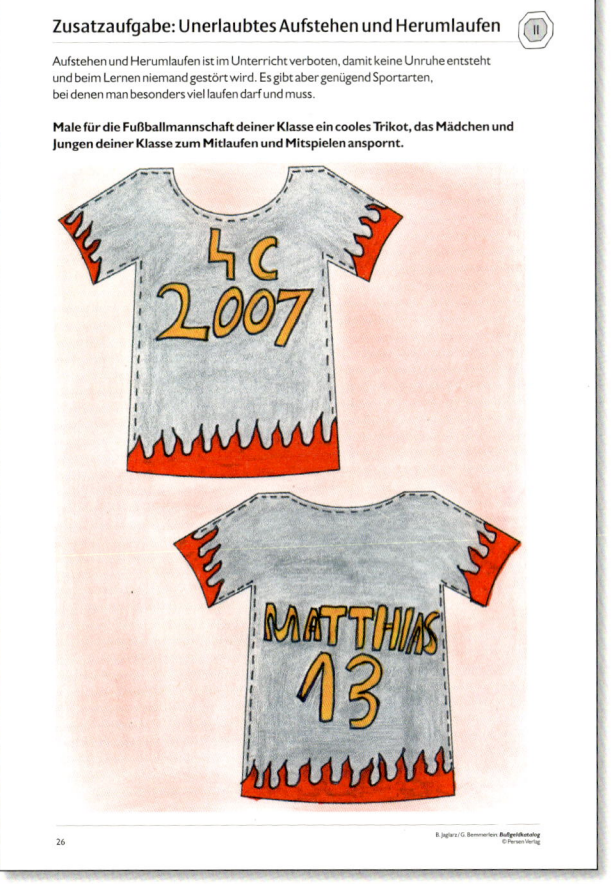

Beispielarbeiten

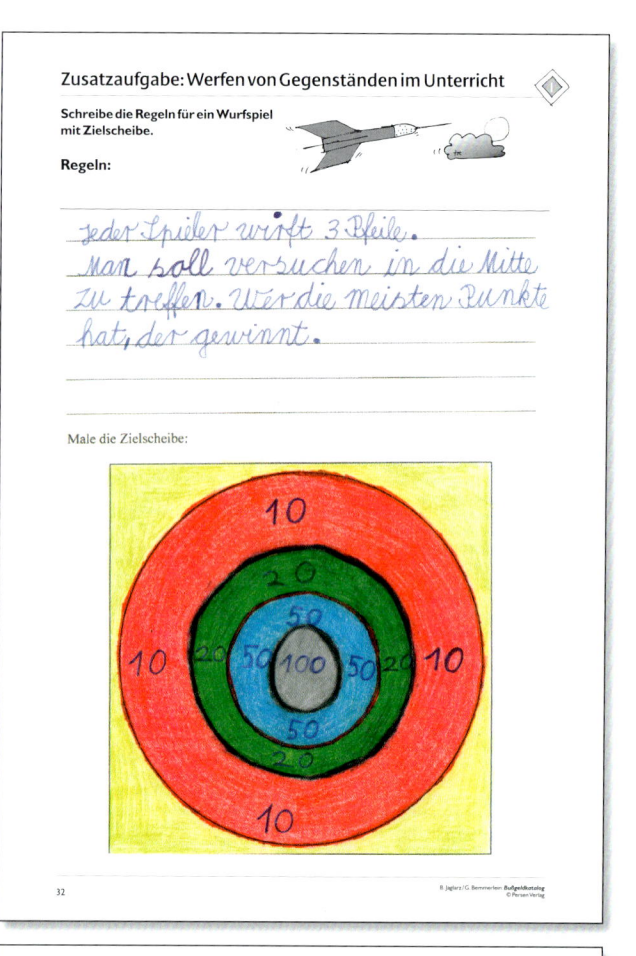

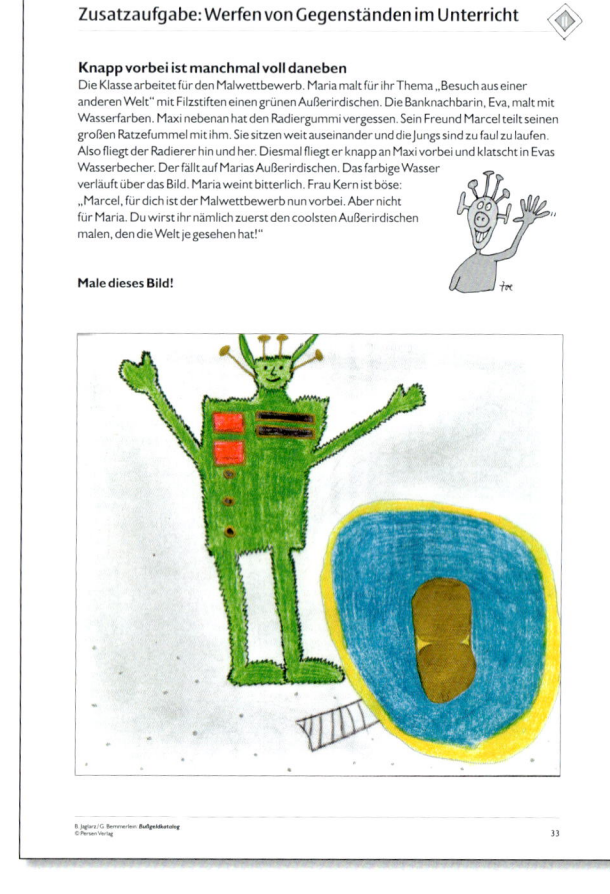

Beispielarbeiten

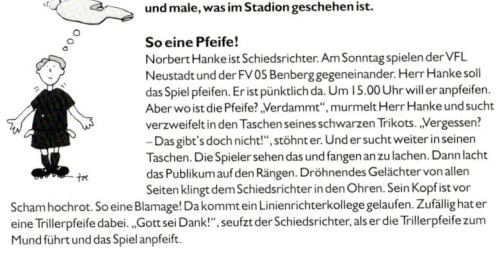

Beispielarbeiten

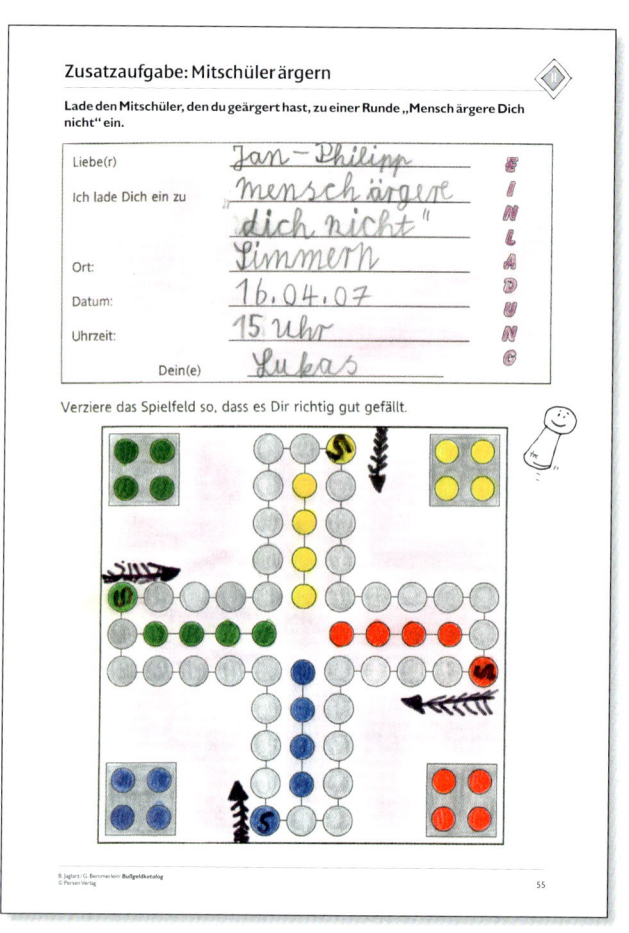

Beispielarbeiten

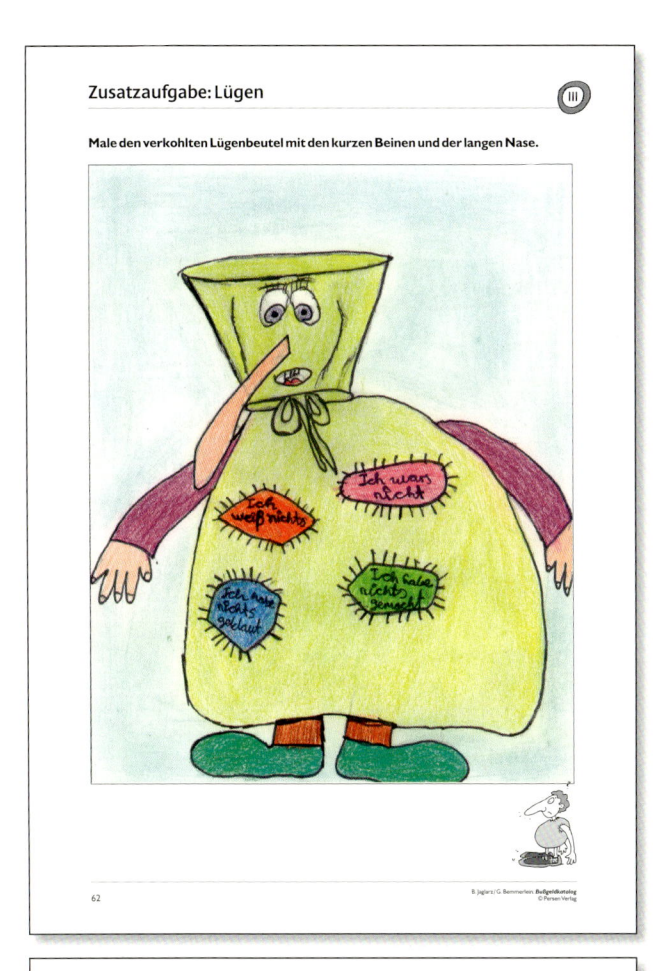

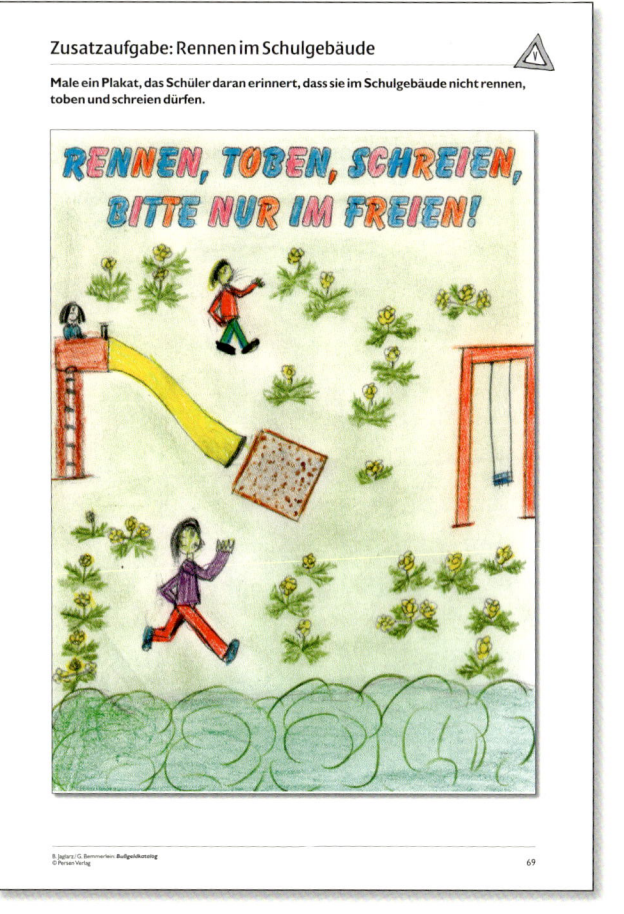

Neue Konzepte für Ihren Unterricht

Bodo Hartke
Schwierige Schüler – was kann ich tun?

49 Handlungsmöglichkeiten bei Verhaltensauffälligkeiten

Wo liegt das Problem beim Kind? Ausgehend von der Analyse und der schulischen Einschätzung des Verhaltens finden Sie in diesem Buch ein breites Spektrum zur Förderung verhaltensauffälliger Schüler/-innen. 49 Handlungsmöglichkeiten, darunter geplantes Ignorieren, Verhaltensverträge, reflektierendes Krisengespräch, Konfliktbewältigung ohne Niederlagen oder der Flüsterstuhl, werden kurz und prägnant beschrieben. Mit Tipps und Hintergrundinfos.
So bekommen Sie Verhaltensauffälligkeiten Ihrer Schüler/-innen in den Griff!

Buch, 108 Seiten, DIN A4
1. bis 4. Klasse
Best.-Nr. 3743

Anne Frieß
Formulare und Checklisten für Klassenlehrer

Den Schulalltag reibungslos organisieren

Sie benötigen eine Einladung zum Elternsprechtag? Eine Bücherliste? Eine Elternbenachrichtigung bei vergessenen Hausaufgaben? Hier finden Sie für alle Fälle das passende Formular und die richtige Checkliste! So sind Sie bestens gerüstet für alle lästigen Aufgaben rund um Planung und Organisation und verbringen keine unnötige Zeit mit dem Zusammensuchen der vielfältigen Materialien. Alle Vorlagen stehen in der Mappe zur Verfügung und sie lassen sich im Nu auf der CD aufrufen, entsprechend ausfüllen und ausdrucken.
Für die perfekte Organisation des Schulalltags – schnell, übersichtlich, strukturiert!

Mappe mit Kopiervorlagen und CD,
ca. 60 Seiten, DIN A4
1. bis 4. Klasse
Best.-Nr. 2672

Anja Fischer, Rita Titze
Zeugnisbeurteilungen schreiben

Formulierungshilfen für die Klassen 1-4/mit CD

Jedes Halbjahr wieder ist das Zeugnisschreiben an der Tagesordnung und damit auch Ihre Frage: Was schreibe ich nur? Dieser Band hilft! Er enthält komplette Zeugnisbeurteilungen sowie Bausteine zum „Kombinieren" für die Fächer Deutsch, Mathematik, Werken, Musik, Kunst und Englisch für die Klassen 1-4. Dabei reicht die Skala von leistungsstarken Schüler/-innen bis zu Schülern mit erheblichen Schwächen. Für Sie gibt es genügend Platz für Notizen und eine CD mit allen vorgeschlagenen Formulierungsbeispielen zum Verändern und Übernehmen.
Individuell anpassbare Formulierungsbeispiele – und der Zeugnisstress fällt weg!

Buch, 60 Seiten, DIN A4, mit CD
1. bis 4. Klasse
Best.-Nr. 3500

Anne Frieß
Mentorenarbeit

Betreuung, Beratung und Beurteilung von Referendaren

Was gehört zu den Aufgaben eines Mentors? Wie führt man eine Referendarin oder einen Referendar erfolgreich in die Schulpraxis ein? Antworten auf diese Fragen liefert Ihnen dieses Komplettpaket zu den Aufgaben und Handlungsfeldern dee Mentorenarbeit. Der Band bietet Ihnen vielfältige Hilfen: konkrete Hinweise zu Beratungsgesprächen, Kriterien für die Unterrichtsbeobachtung, Formulierungen für die Beurteilung des Lehramtsanwärters sowie Formulare und Checklisten als Kopiervorlagen.
So coachen Sie Referendare professionell!

Buch, 40 Seiten, DIN A4, mit CD
1. bis 4. Klasse
Best.-Nr. 3393

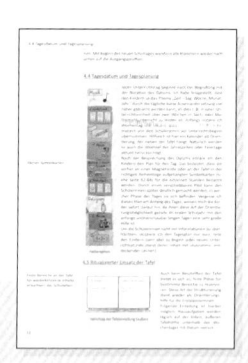

Kathrin Sahlmann
Eine 1. Klasse managen
Ein Leitfaden für Einsteiger

An vieles muss gedacht werden, wenn Sie erstmalig eine 1. Klasse übernehmen: Ordnungssysteme müssen eingeführt, Rituale geschaffen und auch der erste selbst organisierte Elternabend muss gemeistert werden – Handwerkszeug, das man auf der Universität nicht gelernt hat. Dieser Band gibt Ihnen Anregungen und Hilfestellungen, wie Sie als Lehrer erfolgreich ihr „1. Schuljahr" absolvieren. Mit den praxiserprobten Kopiervorlagen können Sie sofort starten.
Vom ABC bis zum Zeugnis – Classroom-Management für Ihre 1. Klasse!

Buch, 72 Seiten, DIN A4
1. Klasse
Best.-Nr. 3513

Unser Bestellservice:

Das komplette Verlagsprogramm finden Sie in unserem Online-Shop unter

www.persen.de

Bei Fragen hilft Ihnen unser Kundenservice gerne weiter.

Deutschland: ☏ 040/32 50 83-040 · Schweiz: ☏ 052/366 53 54 · Österreich: ☏ 0 72 30/2 00 11

Ein positives Lern- und Sozialklima schaffen

Jenny Mosley, Helen Sonnet
101 Spiele zur Stärkung des Selbstwertgefühls
Ein Praxisbuch für die Grundschule

Mit über 100 innovativen Spielen lernen die Schüler/-innen, eigene Stärken zu erkennen, mit anderen zusammenzuarbeiten und sich in ein größeres Team einzubringen. Alle Spiele sind spontan und ohne Vorbereitungsaufwand einsetzbar.
Spielend zu mehr Selbstbewusstsein!

Buch, 144 Seiten, DIN A5
1. bis 4. Klasse
Best.-Nr. 3681

Jenny Mosley, Helen Sonnet
101 Spiele für ein positives Lernklima
Ideenfundgrube für die Grundschule

Mit dieser Ideenfundgrube fördern Sie Sozialkompetenz und Gemeinschaftsgefühl quasi nebenbei! Hier finden Sie jede Menge Ideen und Spiele, mit denen Sie die Persönlichkeitsentwicklung und emotionale Sicherheit Ihrer Kinder spielerisch voran bringen.
Neue Ideen für ein besseres Lernklima!

Buch, 144 Seiten, DIN A4
1. bis 4. Klasse
Best.-Nr. 3734

Jenny Mosley, Helen Sonnet
101 Spiele zur Förderung von Sozialkompetenz ...
Lernziele – Spielverläufe – Kopiervorlagen

Mit diesen Spielen lernen Ihre Schüler/-innen, wie man beobachtet, zuhört, sich artikuliert, Regeln einhält und in Teams zusammenarbeitet. Neben Aktivitäten zum logischen Denken stehen auch Übungen zur Förderung der Konzentrationsfähigkeit im Mittelpunkt.
Für ein besseres Lernverhalten!

Buch, 144 Seiten, DIN A5
1. bis 4. Klasse
Best.-Nr. 3665

Peter Clutterbuck
KLASSE(N)KLIMA
Schritt für Schritt

Erst in einem angenehmen Klassenklima können Sie und Ihre Kinder effektiv arbeiten. Dieser Band liefert viele Praxis-Tipps von der Förderung der Schülermitarbeit im Unterricht über die Arbeit mit Schülergruppen bis hin zur kindgerechten Gestaltung des Klassenzimmers.
So verbessern Sie das Klima in Ihrer Klasse Schritt für Schritt!

Buch, 112 Seiten, DIN A4
1. bis 4. Klasse
Best.-Nr. 3691

Marion Keil
Feste feiern in der Grundschulzeit

Ausgearbeitete Planungsvorschläge für Klassen- und Schulfeste

Feiern Sie die Feste wie sie fallen, denn jetzt geht Ihnen die Planung leicht von der Hand: Buch mit ausgearbeiteten Ideen und Bastelanleitungen, Rezepten, Liedtexten, Spielen etc. für insgesamt 16 Klassen- bzw. Schulfeste.

Aus dem Inhalt:
Lesefest, Europafest, Gespensterfest, Dschungelfest, Bratapfelfest, Osterfest u. v. m.
Machen Sie jedes Fest für Lehrkräfte, Schüler/-innen und Eltern zu einem unvergesslichen Ereignis!

Buch, 124 Seiten, DIN A4
1. bis 4. Klasse
Best.-Nr. 3664

Petra Proßowski
Bewegung und Stille im Klassenzimmer

Mit Geschichten, Liedern und Spielen zu mehr Konzentration und besserer Körperwahrnehmung

Dieser Fundus an Bewegungsformen, Bewegungsliedern, -spielen, -geschichten, Entspannungsübungen und Traumgeschichten macht es Lehrern leicht, Defizite in den Bereichen Konzentrationsfähigkeit, Koordination und Körperwahrnehmung aufzufangen. Die Übungen können mit wenig Aufwand sowohl im Klassenzimmer als auch in der Turnhalle eingesetzt werden.
So schaffen Sie eine positive Lernatmosphäre und fördern motorische Fähigkeiten!

Buch, 108 Seiten, DIN A4
1. und 4. Klasse
Best.-Nr. 3788

Unser Bestellservice:

Das komplette Verlagsprogramm finden Sie in unserem Online-Shop unter

www.persen.de

Bei Fragen hilft Ihnen unser Kundenservice gerne weiter.

Deutschland: 040/32 50 83-040 · Schweiz: 052/366 53 54 · Österreich: 0 72 30/2 00 11